CHRISTIAN SINDING

Frühlingsrauschen

Gazouillement du printemps – Rustle of Spring

für Klavier / for Piano

op. 32 Nr. 3

Original-Ausgabe

EIGENTUM DES VERLEGERS · ALLE RECHTE VORBEHALTEN
ALL RIGHTS RESERVED

C. F. PETERS

FRANKFURT/M. · LEIPZIG · LONDON · NEW YORK

Aus dem Original-Manuskript

Frühlingsrauschen

Gazouillement du printemps — Rustle of Spring

Sinding, Op. 32 № 3

4

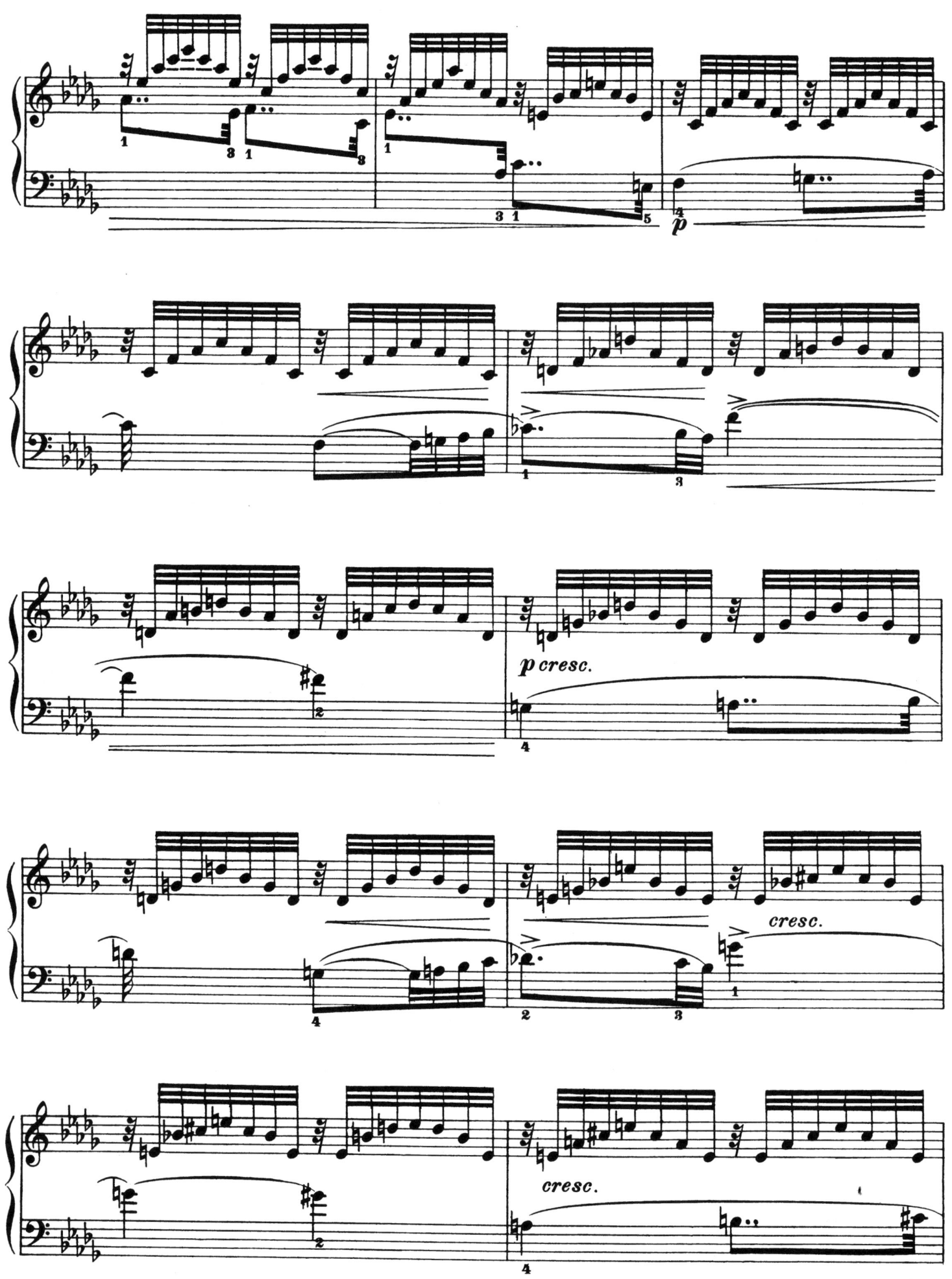

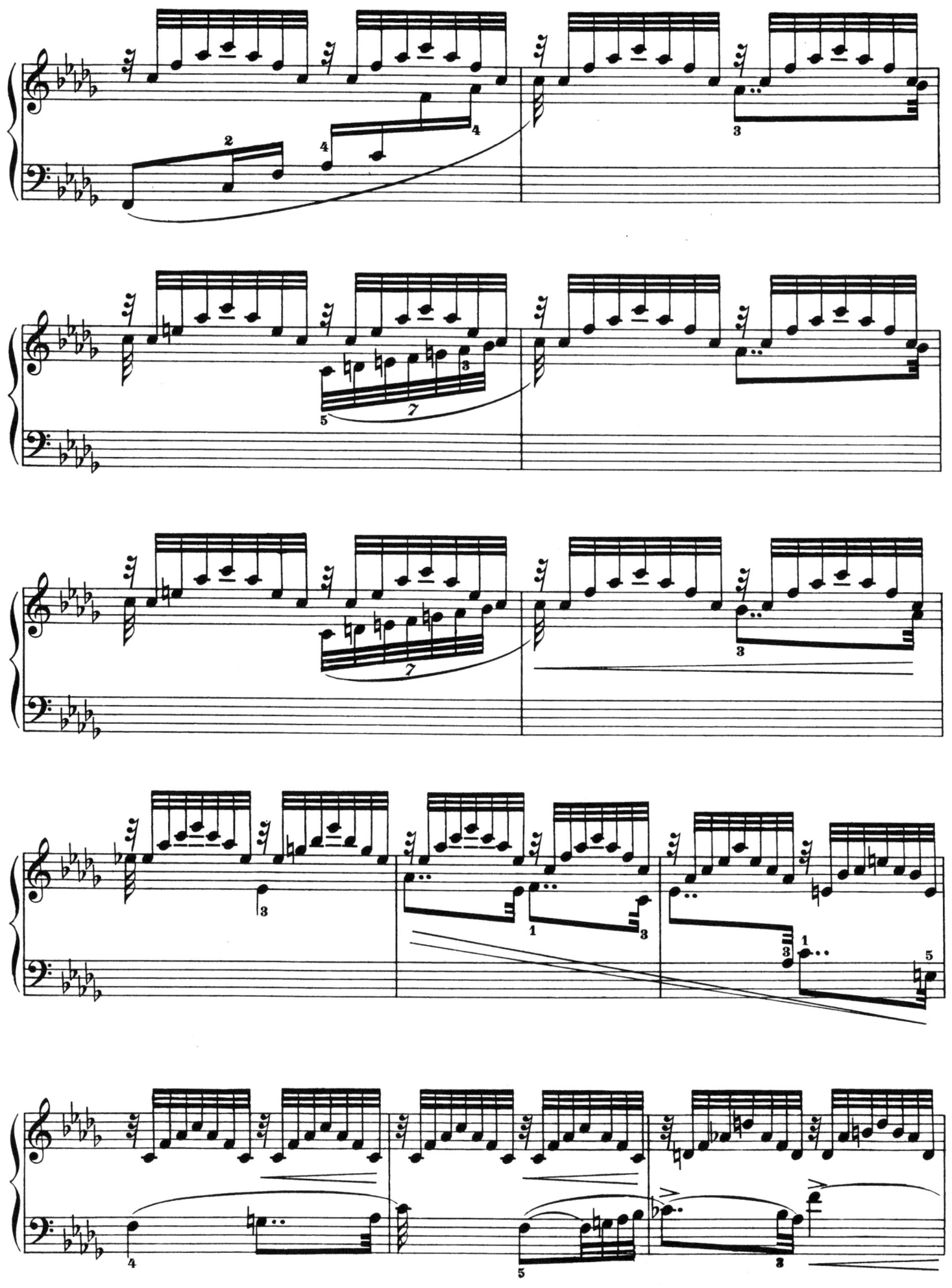

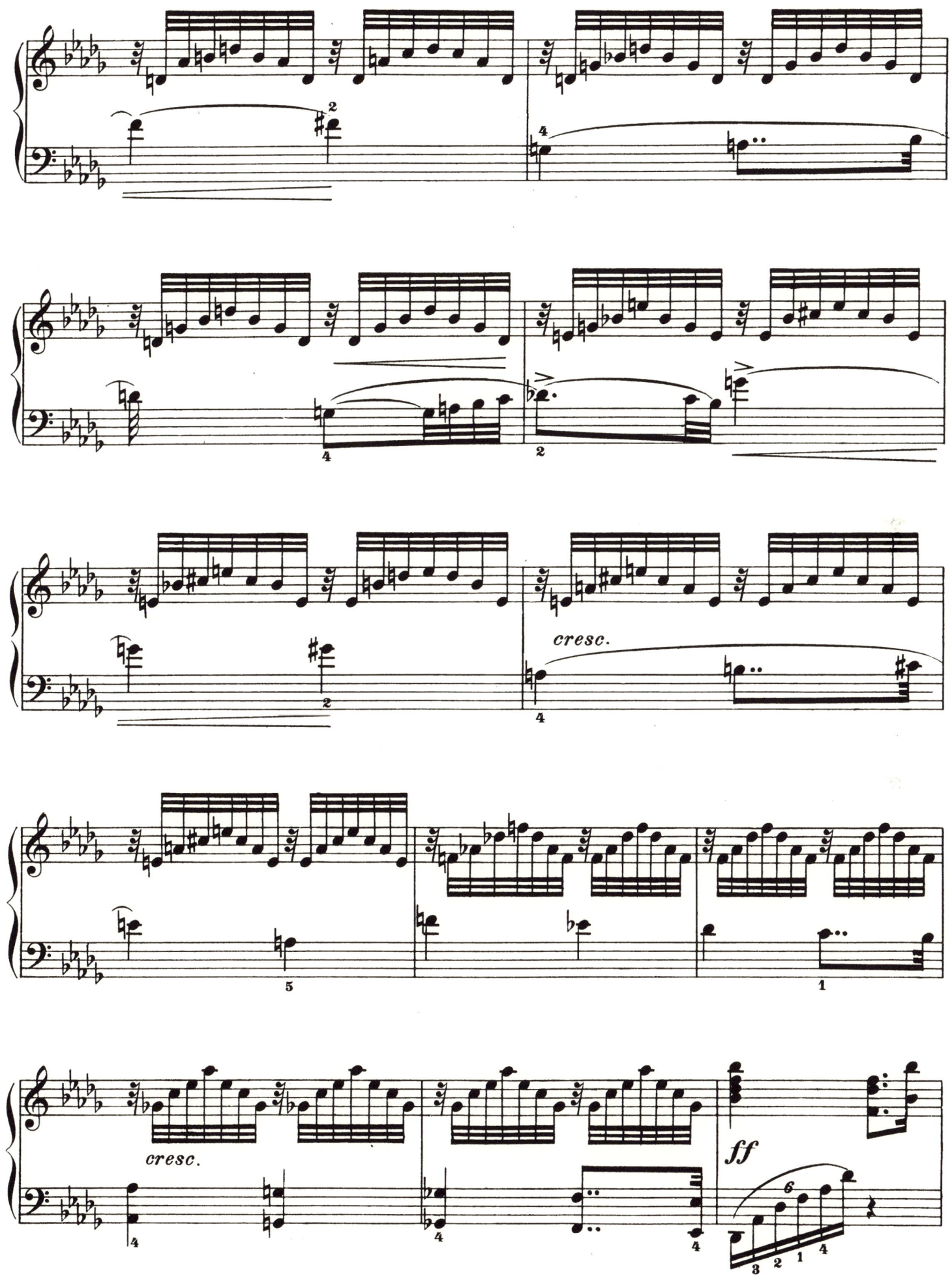

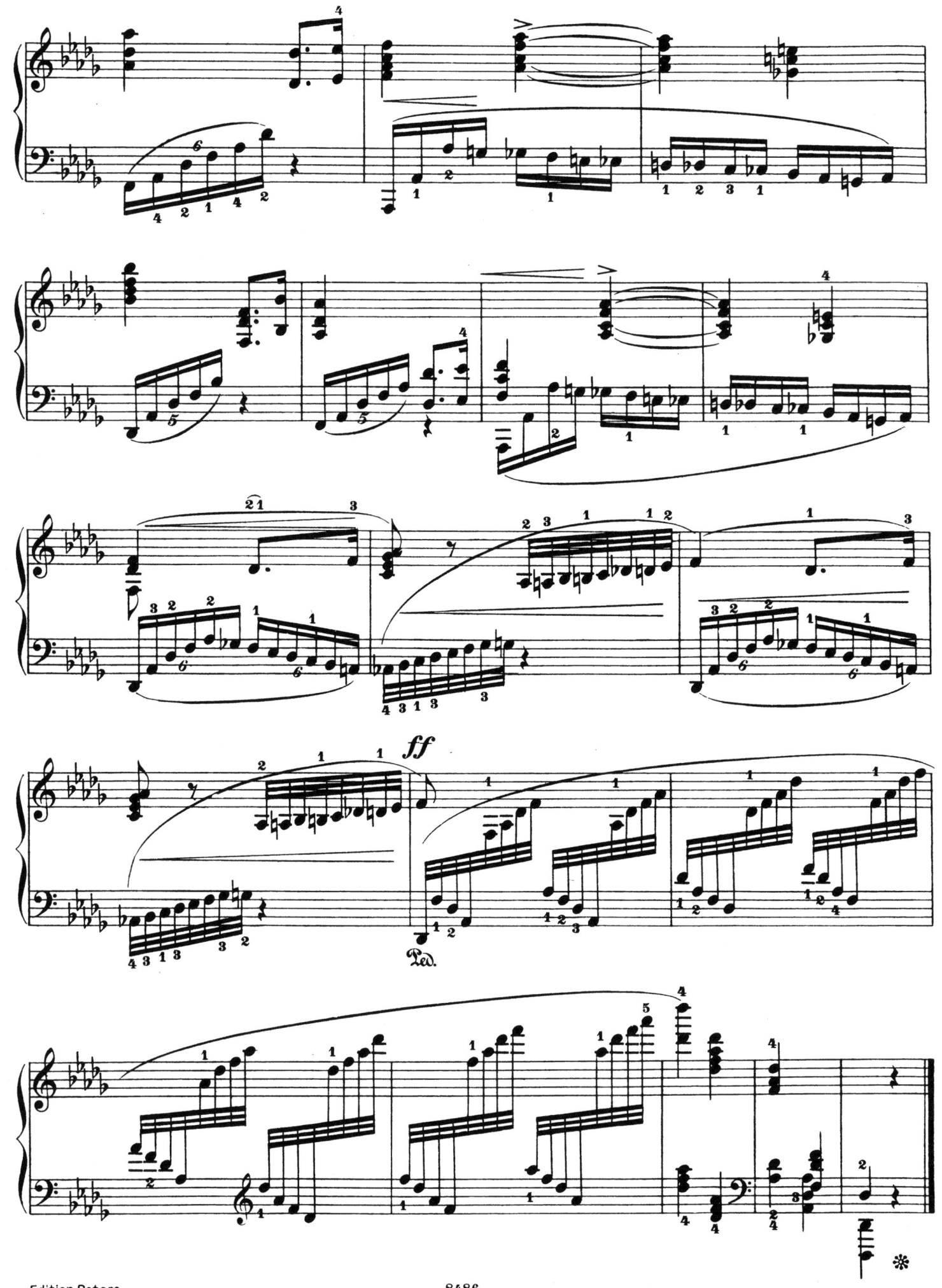

KLAVIERKONZERTE / PIANO CONCERTOS
(Ausgaben für 2 Klaviere / Two-piano editions)

J. CHR. BACH Konzert D-Dur
op. 13 Nr. 2 .... EP 4262
– Konzert B-Dur op. 13 Nr. 4 ...... EP 4329
J. S. BACH Konzert d-Moll BWV 1052
(Schulze/K. Schubert) .... EP 9980
– Konzert E-Dur BWV 1053 (Held) .. EP 9981
– Konzert A-Dur BWV 1055
(Soldan) .... EP 4467
– Konzert f-Moll BWV 1056 (Schulze/
K. Schubert) .... EP 9983
– Konzert C-Dur BWV 1061a, Originale
Erstfassung für 2 Klaviere (Wolff)
(zus. mit 2 Fugen aus der »Kunst
der Fuge« BWV 1080/18) .... EP 8611
– Doppelkonzert C-Dur BWV 1061
(Griepenkerl) .... EP 2200a
– Doppelkonzert c-Moll BWV 1060
(Griepenkerl) .... EP 2200b
BEETHOVEN Konzert Nr. 1 C-Dur op. 15
mit Originalkadenzen (Pauer) .... EP 2894a
– Konzert Nr. 2 B-Dur mit Original-
kadenz op. 19 (Pauer) .... EP 2894b
– Konzert Nr. 3 c-Moll op. 37 ..... EP 2894c
– Konzert Nr. 4 G-Dur op. 58 mit Original-
kadenzen (Pauer) .... EP 2894d
– Konzert Nr. 5 Es-Dur op. 73 .... EP 2894e
– Fünf Klavierkonzerte op. 15, 19,
37, 58, 73 und Chorfantasie op. 80 ....
(Ausgabe für Klavier zu zwei Händen,
mit eingezogenem Orchesterpart) ... EP 144
BRAHMS Konzert Nr. 1 d-Moll op. 15 (Sauer)
EP 3655
– Konzert Nr. 2 B-Dur op. 83 (Sauer) .. EP 3895
CHOPIN Konzert Nr. 1 e-Moll op. 11
(Pozniak) .... EP 2895a
– Konzert Nr. 2 f-Moll op. 21 (Pozniak) . EP 2895b
– Grande Polonaise brillante Es-Dur
(mit Andante spianato) op. 22 .... EP 2968
– Werke für Klavier und Orchester
op. 2, 12, 14, 22 (Ausgabe für Klavier
zu zwei Händen) .... EP 1912
DEBUSSY Fantaisie G-Dur (Pommer) . EP 9078k
FAURÉ Fantaisie op. 111 .... EP 9569b
FRANCK Symphonische Variationen
fis-Moll (Sauer) .... EP 3741
GLASUNOW Konzert Nr. 1 f-Moll
op. 92 .... Bel 185
– Konzert Nr. 2 H-Dur op. 100 ..... Bel 186
GRIEG Konzert a-Moll op. 16 ..... EP 2164

HAYDN Konzert G-Dur Hob. XVIII:4
(mit Kadenzen vom Herausgeber)
(Hinze-Reinhold) .... EP 4643
– Konzert D-Dur op. 21 Hob. XVIII:11
(mit Originalkadenzen und Kadenzen
von Sekles) (Teichmüller) ..... EP 4353
– – (Hinze-Reinhold) .... EP 4353a
LISZT Konzert Nr. 1 Es-Dur .. EP 3606
– Konzert Nr. 2 A-Dur .... EP 3607
– Phantasie über ungarische Volks
melodien (Sauer) .... EP 3612
– Konzerte Es-Dur, A-Dur; Danse macabre;
Phantasie über ungarische Volksmelodien;
Schubert: »Wandererfantasie«; Weber: ..
Polonaise brillante .... EP 3602c
MENDELSSOHN BARTHOLDY
– Konzert Nr. 1 g-Moll op. 25 . EP 2896a
– Konzert Nr. 2 d-Moll op. 40 . EP 2896b
– Werke für Klavier und Orchester op. 22,
25, 29, 40, 43 (Ausgabe für Klavier zu
2 Händen) .... EP 1704d
MOSZKOWSKI Konzert E-Dur
op. 59 .... EP 2872
W.A. MOZART Sämtliche Klavierkon-
zerte (Nr. 5-27), Neue Urtext-Ausgabe
von Chr. Wolff und Chr. Zacharias
(mit Originalkadenzen)
– Konzert Nr. 5 D-Dur KV 175 (mit
Konzertrondo D-Dur KV 382) .. EP 8805
– Konzert Nr. 6 B-Dur KV 238 .. EP 8806
– Konzert Nr. 7 F-Dur für 3 Klaviere und
Orchester (»Lodron-Konzert«)
KV 242, mit Einlage: Fassung für
2 Klaviere vom Komponisten .. EP 8807
– Konzert Nr. 8 C-Dur KV 246 (»Lützow-
Konzert«) mit Originalkadenzen . EP 8808
– Konzert Nr. 9 Es-Dur KV 271
(»Jeunehomme-Konzert«) ... EP 8809
– Konzert Nr. 10 Es-Dur für 2 Klaviere
und Orchester KV 365 ...... EP 8810
– Konzert Nr. 11 F-Dur KV 413 .. EP 8811
– Konzert Nr. 12 A-Dur KV 414 (mit
Konzertrondo A-Dur KV 386) .. EP 8812
– Konzert Nr. 13 C-Dur KV 415 . EP 8813
– Konzert Nr. 14 Es-Dur KV 449
(»1. Ployer-Konzert«) .... EP 8814
– Konzert Nr. 15 B-Dur KV 450 . EP 8815
– Konzert Nr. 16 D-Dur KV 451 . EP 8816
– Konzert Nr. 17 G-Dur KV 453
(»2. Ployer-Konzert«) .... EP 8817

W.A. MOZART (Forts.)
– Konzert Nr. 18 B-Dur KV 456
(»Paradis-Konzert«) .... EP 8818
– Konzert Nr. 19 F-Dur KV 459
(»2. Krönungskonzert«) .... EP 8819
– Konzert Nr. 20 d-Moll KV 466
(mit Kadenzen von Beethoven und
Zacharias) .... EP 8820
– Konzert Nr. 21 C-Dur KV 467
(mit Kadenzen von Zacharias) . EP 8821
– Konzert Nr. 22 Es-Dur KV 482
(mit Kadenzen von Zacharias) . EP 8822
– Konzert Nr. 23 A-Dur KV 488   EP 8823
– Konzert Nr. 24 c-Moll KV 491
(mit Kadenzen von Zacharias) . EP 8824
– Konzert Nr. 25 C-Dur KV 503
(mit Kadenz von Zacharias) . EP 8825
– Konzert Nr. 26 D-Dur KV 537
(»1. Krönungskonzert«)
mit Kadenz von Zacharias ... EP 8826
– Konzert Nr. 27 B-Dur KV 595 . EP 8827
RIMSKY-KORSAKOW Konzert cis-
Moll op. 30 .... Bel 188
SAINT-SAËNS Karneval der Tiere
Partitur .... EP 9293
– – Klavier I/II-Stimme ..... EP 9293b
SCHUMANN Konzert a-Moll
op. 54 (Sauer) .... EP 2898
– Konzertstück F-Dur für Klavier
und Orchester (nach dem Konzert-
stück für 4 Hörner op. 86) .. EP 8576
SCRIABIN Konzert fis-Moll
op. 20 .... Bel 189
A. TCHEREPNIN Konzert Nr. 5
op. 96 .... Bel 190
– Konzert Nr. 6 op. 99 .... Bel 191
TSCHAIKOWSKY Andante und
Finale op. 79 (Taneiev) ...... Bel 373
– Konzert Nr. 1 b-Moll op. 23
(Teichmüller) .... EP 3775
– Konzert Nr. 2 G-Dur op. 44 . EP 4644
WEBER Konzertstück f-Moll
op. 79 (Ruthardt) .... EP 2899
– Konzert Nr. 1 C-Dur op. 11;
Konzert Nr. 2 Es-Dur op. 32;
Variationen op. 2, 5, 6, 9, 28, 55
(Ausgabe für Klavier zu
zwei Händen) .... EP 717c

Bitte fordern Sie den Katalog der Edition Peters an
For our free sales catalogue please contact your local music dealer

C. F. PETERS · FRANKFURT/M. · LEIPZIG · LONDON · NEW YORK

www.edition-peters.de · www.edition-peters.com

KLAVIERMUSIK ZU VIER HÄNDEN
MUSIC FOR PIANO DUET

ORIGINALWERKE / ORIGINAL WORKS

BACH, J. CHR. 3 Sonaten (C-Dur op. 15/6, A-Dur op. 18/5, F-Dur op. 18/6) (Weismann)	EP 4516
BEETHOVEN Originalkompositionen (Sonate D-Dur op. 6, 3 Märsche op. 45, Variationen C-Dur und D-Dur)	EP 285
BIZET Jeux d'enfants (12 Stücke) op. 22	EP 8747
BRAHMS Liebeslieder op. 52, Neue Liebeslieder op. 65 (4 Singstimmen ad lib.)	EP 3912
– Schumann-Variationen op. 23	EP 3659
– Ungarische Tänze Nr. 1-10	EP 2100a
– Ungarische Tänze Nr. 11-21	EP 2100b
– Walzer op. 39	EP 3665
CLEMENTI Sonaten Es-Dur (op. 14/3), C-Dur (op. 3/1), Es-Dur (op. 3/2), C-Dur (op. 6/1)	EP 1323
DEBUSSY Petite Suite, 6 épigraphes antiques, Marche écossaise	EP 9078h
DIABELLI Sonaten op. 24, 54, 58, 60	EP 2440a
– Sonaten op. 32, 33, 37 (Frey)	EP 2443a
– Sonaten op. 38, op. 73	EP 2443b
– Sonaten op. 150, Rondo op. 152	EP 2441
DVOŘÁK Slawische Tänze op. 46	EP 8752a
– Slawische Tänze op. 72	EP 8752b
– Ausgewählte Klavierwerke: Legenden op. 59 (Nr. 4, 5, 8, 9, 10), Slawische Tänze op. 46 (Nr. 1, 2, 8), op. 72 (Nr. 2, 4, 8), Waldesruhe op. 68/5 (Lerche)	EP 4935
FAURÉ Dolly op. 56 (Howat)	EP 7430
GENZMER Sonate D-Dur	EP 5020
GRIEG Norwegische Tänze op. 35	EP 2056
– 2 pièces symphoniques op. 14	EP 1439
– Walzer-Capricen op. 37	EP 2156
KUHLAU 6 Sonatinen (op. 44/1-3, op. 66/1-3)	EP 728
MENDELSSOHN BARTHOLDY Andante und Variationen B-Dur op. 83a, Allegro brillant A-Dur op. 92	EP 1715
MOSZKOWSKI Spanische Tänze op. 12	EP 2125
– Neue spanische Tänze op. 65	EP 2992
– Polnische Volkstänze op. 55	EP 2777
MOZART Sonaten KV 358, 381, 497, 521; Variationen G-Dur KV 501; Fuge g-Moll KV 401; Fantasien KV 594, 608	EP 12
PIANOFORTE-ALBUM Leichte und mittelschwere Originalkompositionen von Haydn (Meastro e Scolare), Mozart (Sonaten D und B), Beethoven (Sonate D), Schubert (Märsche op. 51/1, op. 40/2), Weber (Sonatine C, Romanze op. 3/2), Schumann (Geburtstagsmarsch op. 85/1) u.a.	EP 1978a
REGER 6 Burlesken op. 58	EP 3949
– 6 Stücke op. 94	EP 3111
– Variationen und Fuge op. 132 (»Mozart-Variationen«)	EP 3974
SCHUMANN Bilder aus Osten op. 66, Zwölf vierhändige Stücke op. 85, Ballszenen op. 109, Kinderball op. 130	EP 2347
SCHUBERT Originalkompositionen in 3 Bänden	
– I op. 10, 27, 30, 35, 40, 51, 54	EP 155a
– II op. 55, 61, 63, 66, 75, 82/1-2, 84/1-2	EP 155b
– III op. 103, 107, 121, 138, 140, 144, 152	EP 155c
– Märsche: 3 Marches héroiques op. 27 (D 602); 6 Grandes Marches op. 40 (D 819); 3 Marches militaires op. 51 (D 733); Grande Marche funèbre op. 55 (D 859); Marche héroique op. 66 (D 885); 2 Marches charact. op. 121 (D 968B); Kindermarsch G (D 928)	EP 749
– 4 Ländler (D 814), Fuge e (D 952), Allegro und Andante C (D 968) und andere leichte Stücke (K. Herrmann)	EP 4480
WEBER Originalkompositionen (op. 3, 10, 60)	EP 188a

LEICHT SPIELBARE UNTERRICHTSWERKE
EASY PIANO PIECES

DIABELLI Melodische Übungsstücke op. 149	EP 2442
– Jugendfreuden op. 163	EP 2440b
LEICHTE SPIELSTÜCKE 37 Stücke von Beethoven, Türk, Weber, Schubert, Vanhal, Fibich, u.a. (Holzweißig)	EP 9481
MOZART 2 Sonatinen, nach KV 213 und 240 (K. Herrmann)	EP 4456
– 6 (Wiener) Sonatinen (Johnson)	EP 7017
PRZYSTANIAK Four Hands - One Piano (12 leichte Jazzstücke)	EP 10862
ROWLEY 6 kurze Tanzstückchen op. 41	EP 4381
RUTHARDT Lehrer und Schüler, 40 ganz leichte Stücke	EP 2720
SCHOLL/ANDERSON Das Boogiebuch (7 leichte bis mittelschwere Stücke für Unterricht und Vortrag)	EP 8650
A. TCHEREPNIN Exploring the Piano (12 Stücke mit sehr leichtem Schülerpart)	EP 66629
TSCHAIKOWSKY Russische Volkslieder	EP 4493
TSCHECHISCHE VOLKSTÄNZE u. LIEDER (K. Herrmann)	EP 4902
WOHLFAHRT Musikalischer Kinderfreund op. 87	EP 1330

BEARBEITUNGEN / ARRANGEMENTS

BACH, J. S. Brandenburgische Konzerte Nr. 1-3 (Reger)	EP 3108a
– – Nr. 4-6 (Reger)	EP 3108b
– 4 Ouverturen (Suiten) für Orchester (Reger)	EP 3181
– Jesus bleibet meine Freude (aus Kantate 147)	EP 7470
BEETHOVEN Septett Es-Dur op. 20	EP 11
– Symphonien, 2 Bände (Nr. 1-5 / Nr. 6-9)	EP 9/EP 10
BIZET Carmen, Ouvertüre	EP 7457
GRIEG Peer-Gynt-Suite I op. 46	EP 2432
– Peer-Gynt-Suite II op. 55	EP 2663
HÄNDEL Orgelkonzerte (Ruthardt)	
– Band I: 6 Konzerte op. 4 (g, B, g, F, F, B; HWV 289-294)	EP 2591a
– Band II: 6 Konzerte op. 7 (B, A, B, d, g, B; HWV 306-311)	EP 2591b
– Suite aus »Wassermusik«	H 46
HAYDN Symphonien (Ulrich)	
– Band I: Nr. 93, 94, 99, 101, 103, 104	EP 186a
– Band II: Nr. 86, 95, 97, 98, 100, 102	EP 186b
JOPLIN 14 ausgewählte Ragtimes, nach dem Original bearb. für Klavier zu 4 Händen (Kirchgäßner/Didion), 2 Hefte	EP 8610a/b
MENDELSSOHN Hochzeitsmarsch und Notturno (op. 61)	EP 7464
MOZART Ouvertüren: Idomeneo, Entführung, Figaros Hochzeit, Don Giovanni, Cosi fan tutte, Zauberflöte, Titus (Kleinmichel)	EP 135a
– Serenade »Eine kleine Nachtmusik« KV 525	EP 3078
– Symphonien KV 385, 425, 504, 543, 550, 551	EP 187a
– Symphonien (KV 297, 319, 338); Serenaden (KV 250, 320); Symphonie G-Dur von Leopold Mozart	EP 187b
OUVERTUREN-ALBUM	
– Band I: Rossini (Barbier v. Sevilla, Diebische Elster, Italienerin in Algier), Lortzing (Zar und Zimmermann), Donizetti (Regimentstochter), Bellini (Norma), Auber, Boieldieu...	EP 1950
– Band II: Beethoven (Fidelio, Leonore Nr. 3, Egmont, Coriolan, Prometheus), Schubert (Zauberharfe), Gluck, Cherubini	EP 1951
ROSSINI Wilhelm Tell, Ouvertüre	EP 7467
SUPPÉ Dichter und Bauer, Ouvertüre	EP 7472
– Leichte Kavallerie, Ouvertüre	EP 7458
WAGNER Siegfried-Idyll	EP 7460

Bitte fordern Sie den Katalog der Edition Peters an
For our free sales catalogue please contact your local music dealer

C. F. PETERS · FRANKFURT/M. · Leipzig · LONDON · NEW YORK

www.edition-peters.de · www.edition-peters.com